Los abrojos del bien

Sofía Estévez

Los abrojos del bien
Copyright © 2019 Editorial Raíces Latinas
Copyright © 2019 Sofía Estévez

De la primera edición:
editorialraiceslatinas@gmail.com   raiceslatinas@verizon.net
http://editorialraiceslatinas.blogspot.com/

ISBN-13: ISBN-13: 978-0-9600795-4-4
ISBN-10: 0-9600795-4-8

Ilustración de portada: © Sara Lina Lora
Foto de contraportada: © Felipe Milián Estévez

Los abrojos del bien

— Poesía —

Sofía Estévez

Editorial Raíces Latinas

A Felipe, Jeannette, Darío y Paola
que me acompañan cada uno a su manera.

¿Cómo resolver el mundo con palabras
que sean a la misma vez incendio y chaparrón,
mordisco en carne viva,
en el corazón aguja, infarto o latigazo,
y en el hueso quebranto, inflamación o quemadura?
Rei Berroa, "Asedio al odio"

Dejadme la esperanza
Miguel Hernández, "Canción última"

Índice

Los abrojos del bien de Sofía Estevez

¿Cómo puede la sensibilidad tan aguda de un poeta sobrellevar los horrores e injusticias del mundo de hoy? La poeta Sofía Estévez nos ofrece su fórmula personal en esta colección de poemas: dando una mirada al pasado con los pies bien afincados en el presente y teniendo en mente el mañana.

En un principio *Los abrojos del bien* parece contraponerse a *Las flores del mal* de Charles Baudelaire, pero no es más que el inicio de un diálogo con el poeta maldito. Así, se suceden entre estas páginas un sinnúmero de artistas de otro tiempo, ya sean prosistas, poetas, músicos o pintores que de una manera u otra han nutrido y dejado una huella indeleble en el alma de esta poeta.

Continúa con el presente, la experiencia vital de cada ser humano, intrínsecamente ligada a la condición de mujer. Muestra a la mujer en sus diferentes facetas: amante, madre, poeta y ser social ante la vida moderna y cotidiana. Una mujer independiente, liberada, que va contra las normas de la sociedad, una ciudadana del mundo que añora su tierra natal, no con la nostalgia típica de los emigrados, sino con un ojo crítico y mordaz. Vemos surgir el tema universal e inagotable del amor acompañado tantas veces por un profundo dolor reflejado en la naturaleza, pero también el amor libre, libre de prejuicios, género y ataduras.

Concluye con un llamado a tomar acción para crear un mejor mañana, aunque implícito desde el título pues la palabra *abrojos* proviene del latín *aperi occulo* que quiere decir "abrir los ojos". La poeta nos invita a abrir los ojos, a tomar consciencia de esta realidad y no ser meros espectadores pasivos, levantar la voz, generar un cambio o en palabras de la poeta:

"es hora de que se levanten hombres y mujeres comprometidos a quienes la congoja y la violencia no les sean indiferentes"

Insta a no permitir que se continúen cometiendo injusticias, muertes, violaciones y guerras.

Utilizando un lenguaje poético transparente, nos entrega un estilo claro que encierra un mensaje profundo. Crea un balance perfecto entre versos de arte mayor y menor. El uso de imágenes, metáforas y prosopopeya, entre otros recursos literarios, es brillante. Predomina el verso libre, no podía ser de otra manera, pues la búsqueda de libertad es una constante —quitarnos las máscaras, amar sin tapujos, liberarnos de todos los males que agobian al mundo de hoy, incluso el quehacer poético se convierte en una manera de liberación para la poeta.

Katia Capllonch
(PhD. in Literature, Catholic University)

¿Adónde irían los Pablos?

Uno a uno se fue yendo,
el del pincel y los colores,
el del verso y la poesía,
el del violonchelo y las composiciones.

¿Por qué se fueron los tres tan de repente?
¿Qué lienzo plasmará lo rosa, lo azul, lo multiforme?
¿Quién revivirá las fantasías de un pueblo con su música?
Quizá si estuviese el poeta me lo diría en una oda simple
o en una canción desesperada.

¿Fue acaso procesión celestial que de genio y pureza se vistió?
Mientras sollozamos enlutados y afligidos
el cielo resplandece y se alegra.
¡Ay, que no se nos olviden los Pablos!

Almas gemelas

Like the Sun, like the Moon,
like water and like gold,
be clean and bright and
reflect what is in your heart[1]

Dos amantes se abrazan
sordos a los ecos cotidianos,
una ostra: refugio del desamor.

Dos amantes en playas volcánicas
sin promesas que sentencien,
él manantial de colores, ella novedad de versos.

1. Inscripción en un espejo chino del museo de la ciudad de Ho Chi Minh

Ambar y Larimar

A veces, padezco de saudades antillanas
y estas manos inquietas quieren volar,
acercarse es ir a buscar las piedras ancestrales
con un ámbar en una mano y un larimar en la otra,
cierro los ojos y me dejo ir, sin turbaciones,
el ámbar caprichoso toma la delantera
parece muerto, pero esconde el principio de la vida,
me cuenta historias, me pasea por valles y montañas
me lleva a un mundo precolombino fascinantes
conozco a un cacique que me presta su dujo,
entro y salgo de bohíos libremente,
busco a Anacaona, princesa —macu— de mi niñez,
participo en areítos, me brindan uicu y casabe,
un niño toca un fotuto que arrulla, me duermo.

Me despierto en una tibia playa cristalina,
el mar y el cielo repercuten sus azules
engalanados de trazos de algodón
como la piedra que aún sostengo en una mano.
Me sumerjo es un mar de lágrimas de dioses
veo cardúmenes de peces y corales moribundos.
Después de mis búsqueda infructuosa de larimar en el mar,
la piedra traviesa me confiesa su origen volcánico y montañoso
me acerca al útero de su madre por túneles serpenteantes,
me confiesa en secreto y apenada su foto-sensibilidad,
y me pide que la mantengan en la oscuridad
que ella a cambio me brindará sosiego y creatividad.

Regreso renovada a paisajes monocromos y fríos
tibia de verdes y azules tropicales,
en mi mesita de noche, guardo mis piedras mágicas.

Amor roto

Momentos de dolor,
penas recónditas que inundan el alma.

Sueños derrumbados, frágiles ilusiones,
malentendidos mal contados,
doblemente malinterpretados.

—¿Y, este martirio que me oprime el pecho?
—¿Y, ese sueño que se hizo mil trizas?
Entonces, tú me dices que razone,
mas la razón no es panacea para mi dolor.

Dime corazón herido:
—¿En qué camino se reconcilia el amor?
Éste que corre sin consuelo al camposanto.

Analogía

Afuera llueve.
Lloro.
Las flores crecen,
mis penas proliferan,
el agua es combustible.

Arbolitos de Navidad

Ayer, las ventanas de mi vecindario,
titilaban arcoíris de luces,
estrellas y angelitos al tope de arbolitos
decorados con esmero,
hoy las aceras frías son un cementerio
de pinos de todos los tamaños
que los perros orinan al pasar
mientras esperan que los recoja
el camión de la basura.

¡Ay, mis hijos huérfanos!

Por la calle se desplaza una mujer,
lleva el vestido ensangrentado,
el vientre le palpita,
un pedazo de tripa le cuelga,
los transeúntes observan atónitos
una víscera llena de palabras.

Esa mujer soy yo,
la poesía ya no me cabe dentro, ha reventado.
Mis hijos que engendro, pero no cuidaré.
¡Ay, mis hijos huérfanos!
Los tiraré al mundo para que vivan por sí solos
para que se queden quién sabe por cuánto en el espacio:
pululando en bares de poetas, o en atardeceres sólo de mujeres,
o quizá simplemente, arrumbados con polvo en el escritorio de un amigo.

Azogue

Tú me dices que eres azogue fugitivo.
Podría ser verdad.
Pero, ¿quién quiere atraparte?

Balada para Rimbaud

Un muchacho precoz hastiado del quietismo humano,
en un barco ebrio llegó al infierno a pasar una temporada
buscaba el fuego prometeico y la quinta esencia.

Un viaje maldito para liberarse:
de la revolución que mata de hambre a los comuneros,
de las absurdas pretensiones burguesas que obligan a un hombre
que ama a otro hombre a casarse con una mujer,
del repulsivo engaño de los cristianos que voltean la cara
cuando violan a un niño.

Un Ulises moderno, borracho de ajenjo y opio
iluminando espacios sibilinos, boyando en orgías desbordantes.
Armado de ardiente paciencia, navegó los mares impensables
no estalló la quilla, ni se hundió su barco, mendigó entre esperpentos y fetos,
hasta encontrar el cáliz donde reposaba la palabra.

Brevedad

La ventana entreabierta, se cuela un rayo de luz
aparece proyectado entre tus nalgas y tu espalda,
te miro rendido, paso un inventario de estaciones felices,
de aromas de romero, colonia y albahaca,
saboreo tus caricias de espuma de melón,
quisiera que estas paredes fuesen sordas y ciegas.

Tú aún no lo sabes, pero no voy a regresar,
posiblemente, te preguntarás qué me ha pasado
después de mares de locura y plenitud,
ni te lo digo, ni lo entenderías ¿para que matar tanta poesía?,
las aventuras han de durar poco, sino se producen pesadillas.

Búsqueda

Busco un amor fecundo
que siembre caricias y sueños,
que no acuse, ni imponga autoridad,
ni tema a equivocarse,
que haga su universo con el mío
que se extienda infinito y deslumbrante por el cosmos.

Que seamos agua que se filtre lentamente
en lo denso y profundo de la materia,
que poco a poco rompa la piedra oscura
que se convierta en río de vida,
que fluya interminable.

Caballito de palo

Yo no quería
ni muñecas,
ni casitas,
ni jueguitos de té.

Por eso mutilé las muñecas,
poblé su casita de lagartijas y arañas,
le di de beber al gato en el jueguito de té.

Yo sólo quería un caballito de palo
para salir de los cuartos cerrados,
atravesar sus paredes pintadas,
entonces, corretear los montes sin parar,
e irme volando donde nace el arco iris.

Calidoscopio
Kallos: hermoso
Eidos: imagen
Skpein: ver

Ponme el lente mágico
para que te pueda mirar con nuevos ojos,
y me vuelva la inocencia de los niños.

¿Dónde quedaron las estrellas infinitas?,
aquellas que se multiplicaban simétricamente
en incontables formas cambiantes.

El corazón me estalla en mil pedazos,
¿será este espectáculo de caos ordenado,
el abrazo de la esperanza y la creación?

El espejo del amor se abre,
filtra un manantial de color y luz,
veámonos en su hermosa imagen.

Cipreses y palmeras

Otrora, me alelaba
ante cipreses y sauces,
ahora, paisajes habituales.
Mis ojos extrañan palmeras,
gladíolos germinando en manos,
verdeazules diluidos tibios
de un mar que fue mi patio.

La tarde cae rosanaranjada
sobre una calle carriatiborrada,
el frío opaco se cuela,
ajeno a las ventanas cerradas.
Un transeúnte camina equívoco
toca un solo de jazz con sus pisadas
en una acerapiano interminable.

Regreso a la morada oscura
al mismo azulviloeta de la mañana
a esperar que la lunallena refleje
playas cristalinas y gente con sabor a sal.

Círculos

Círculos concéntricos
alianzas de matrimonio, aros de bicicleta
necrópolis circulares exhumadas
villas miserias circunvalando la ciudad
a la rueda, rueda de pan y canela
los niños de la rotonda no van a la escuela.

Círculos viciosos
cuerpos rellenos de pompas de silicona
mansiones de escaleras circulares
mesas redondas de mandatarios
circunloquios políticos, conjuntos vacíos
drones lanzando balones homicidas.

Círculos cromáticos
vírgenes con aureolas, anillos vaginales
hombres circuncisos, machos sin bolas
píldoras antidepresivas, obleas anestésicas
argollas magnéticas adelgazaste
platos vacíos a la hora de comer.

Círculos literarios
niños analfabetos recogiendo basura en la periférica
estudiantes negros esposados cumplirán su condena
los nueve círculos del infierno de Dante
las trece lunas del año solar
bolas de cristal, hombres sin porvenir.

Crepúsculos quemados

No hay espacio mas ancho que el dolor.
No hay universo como aquel que sangra.
Pablo Neruda

Tempestuoso paisaje me circunda.
El sueño dorado partió por la ventana,
cuatro libélulas azules me lo arrancaron.

El golpe frío de la certidumbre me despierta,
me estoy consumiendo en medio de un pozo,
sudo sangre, lloro penas, huelo fantasmas.

Mi cama, ayer mar tropical al mediodía, es un lago helado.
¿Cómo no sumirme en sus gélidas aguas para siempre?
Mas tiene un remolino que me bate, me lastima, me tortura.

Salgo a caminar, quisiera disolverme por las calles,
filtrarme por las alcantarillas, ahogarme en el río del olvido,
que salieras a buscarme y escuchases el eco de campanas rotas.

Construcciones sociales

Sociedades elaboradas dentro de burbujas
sostenidas en atarrayas que revientan,
realidades disfrazadas: álbumes de bodas,
discursos bíblicos extraídos con tenazas,
construcciones sociales de hormigón armado
impuestas como verdades universales.
Eclipse de azul y rosa sobre un arcoíris.

Preferencia de orificios corporales:
calidad humana, tarjeta de presentación,
afiliación política, vergüenza familiar, culpa.

Gerentes del infierno dictando sentencias
absolviendo a los que llevan hábitos,
pregonando amor universal para unos pocos.

Seres que se escapan de la burbuja diseñada:
hijos, padres, hermanos, maestros, amigos, vecinos
quieren ser, estar y amar como los otros.
Paraíso compartido, amor para todos sin categorías.

Deseos tropicales

Yo era una mujer que pertenecía a una media-isla,
me arrullaban su mar y sus palmeras,
mi corazón latía al compás de sus tambores,
pero eran puros deseos tropicales que se quedaron atrás.

El recuerdo es un paroxismo de un anhelo.
¿Cómo entender este espectáculo barroco de mercaderes y bestias?
Aquí, no hay cosechas de porvenir.

Mientras unos pocos sueñan,
los objetos capitalistas gastan la vida de muchos
víctimas del juego social de las apariencias;
a veces, a base de trabajo, otras de corrupción
y otras de narcotráfico.

Y los demás que son más:
se alquilan en las casas de familias clase media y alta,
se venden en factorías, prostíbulos, bares y hoteles,
se tiran a las esquinas mutilados de cuerpo y esperanza a limosnear,
otros se consumen en trabajos mal pagados, de sol a sol,
muchos se largan a países lejanos,
a otros se los devora el mar.

Había un país que tenía una mujer adentro,
esa mujer llevaba cientos, miles de proyectos por parir:
siegas, techos, camas, escuelas, hospitales, oportunidades…
Ahora, yo soy la isla que los contiene a todos.

Deus ex machina

"Por el amor que nos deja ver a los otros como los ve la divinidad"
J. L. Borges

El solaz de la habitación añil guarda a los amante de otoño.
Ellos se deshacen en un humor viscoso y casi transparente
que del corazón le corre hasta el medio de las piernas.
Son amantes de alto vuelo, y a veces, diríase de profundo duelo.
No conocen de rigores, ni de normas, gobiérnanles la fe y el desapego.

Los amantes tienen historias dolorosas de seres despreocupados.
Se enredaron entre rosas y sin pensarlo, espinas.
Entre aromas exóticos, llegó el dolor que se llevaba lo que fueron,
les chorreaban la pena y la nostalgia, se hacían agua.
Alguien llegó para salvarlos de la inexorable muerte,
se aferraron a la vida, se abrieron en una canción de primavera.

Esos dos seres que parece que se ahogasen en su embriaguez de amor,
que se quemaran en la brasa de la más ardiente hoguera,
que muriesen persiguiendo una esperanza ciega,
ellos —aunque irracional parezca— quieren germinar una simiente propia.

¡Ah! que no se muera en el hastío, dice ella.
¡No! será una bella flor de estío, dice él.

Esos locos que se aman con exceso, música y dulzura,
que llevan consigo perro, sueños y poesía,
que todo lo creen, todo lo hacen, todo lo perdonan por amor,
que penepolean y viven increíbles odiseas,
que inventan la magia de los peces y las flores,
esos dementes abismales que cruzan volcanes, tierras y océanos:
¡somos nosotros!

Día de regocijo

(A Julia, Alejandra, Alfonsina, Sylvia, y
todas la mujeres consumidas en soledad).

Hoy, como todos los domingos, el día transcurre vagamente,
la gente va a misa, algunos a la playa, otros a festines domingueros,
cada uno se organiza alejado de prisas y rutinas,
pareciera un día de regocijo para todos.

Sin embargo, los domingos me ahogan en su ternura fatal,
su gusto perverso me invade el paladar,
podría tocar su sustancia turbia que me aliena.

Buscando consuelo,
o acaso desconsuelo, ante su sordidez vespertina
leo y releo poemas melancólicos,
oigo un jazz que me traspasa el alma.

Mas no encuentro un bálsamo para mi soledad,
el día huele a desesperanza gris,
las visiones, las pesadillas, los demonios no se aplacan,
¿por qué agobian tanto los domingos por la tarde?

Día de Reyes

Se ha colado una abejita en mi cocina
en este gélido Día de Reyes,
gravita cerca del horno aún caliente,
ironías de invierno,
la pobre abejita expirará golpeándose desesperada
o alicongelada polinizando flores de escarcha.

¿Dónde?

Llego a mi añorado terruño después de tantos años,
me asalta una ciudad vertical, rodeada de barrios marginales,
centros comerciales exuberantes, me cruzan un Jaguar, un BMW,
una carreta tirada por un caballo llena de piñas, una Cayenne,
motoconchos, guaguas, voladoras interprovinciales.
Piélagos de restaurantes, bares, cafés, tiendas
repletos de gente entallada, peinada, maquillada,
montañas de basura, catervas de perros callejeros,
mutilados, enfermos y destripados pidiendo en las esquinas,
niños panzones limpiando parabrisas, vendiendo zapotes,
flores, flores preparadas, perros, cargadores de celulares y sus cuerpos.

Alcanzo a ver un puesto de periódicos: Bradd y Angelina de gala,
debajo, nueve recién nacidos en una sola cama en la maternidad nacional.
El cuatro por ciento del presupuesto, negado a la educación.
Los príncipes de Cambridge presentan a su nueva bebé.
No a la educación sexual en las escuelas.
El embajador americano daña la moral nacional.
Los haitianos nos están invadiendo.
Más abajo y más chiquito: casi todos los días matan a una mujer.

Salgo a compensar tanta extravagancia,
me pierdo en una conversación de pompa, derroche, vidas ajenas…
Cada oración comienza con un si Dios quiere,
me quedó al margen y, sin cuota.
Linos franceses, quintas de playa, relojes Cartier, joyas,
zapatos cuyos nombres no saben pronunciar, perfumes,

cirugías plásticas, mesoterapias, ansiolíticos, el servicio doméstico,
mantenimientos de condominios que superan salarios profesionales,
ropas, psiquiatras, Fénix, Reno, fiestas, maquillaje, más ropa, pepas para dormir,
más acontecimientos ajenos, cada vez más contundentes,
hombres que pegan cuernos, más pepas para dormir, más compras,
chapiadoras que quitan maridos, campamentos de niños en el extranjero,
y todo termina con un gracias a Dios.

—Qué lindo y moderno se ha puesto el país —dicen.
—¿Qué tal me parece el progreso que ha tenido? —me preguntan.
Después de unos cuantos vinos paliativos, pregunto:
—¿dónde?

Dos violetas

En el alféizar de mi ventana descansan dos violetas,
—llegaron el mismo día, rescatadas de la casa de una amiga—
con ganas de vivir, reverdecieron silenciosas
inquilinas de una liana hospitalaria,
un cardenal las visita en las mañanas,
una parvada de gansos les anuncia la hora de dormir.
Una cierra sus flores, se duerme tranquila,
la otra, me pregunta insomne:
—¿me vas a echar a la basura?
Yo le aseguro que no debe preocuparse,
explicándole que ella guarda una promesa,
que tímida y sigilosa cultiva en sus entrañas
explosiones de savia que serán coloridas,
o quizás, por siempre verdes.
—La clorofila, también, es hermosa —le insisto.
Entonces, nos dormimos complacidas.

El árbol y yo
(Balada de primavera)

Un árbol se asomaba a mi ventana,
irremediablemente escuálido, desnudo y solitario.
Me invadía con su melancólica presencia.

Yo volcaba en él toda la congoja y soledad
de mi confuso corazón adolorido.
Lo miraba, me miraba, nos mirábamos.

Aquel árbol seco, abandonado a merced del viento,
se perdía, trémulo, en el zarco de una tarde invernal.
Yo —también— era ese árbol desamparado y sombrío.

Pero, sucedió que un día, dorado por el sol
aquel árbol triste que no parecía más que un esqueleto
germinó fervoroso de vida y esperanza.

Sus, otrora, ajadas ramas tocaron la piel del cielo,
reventó sus savia locamente en verde fulgor.
Y su fresca espesura tocó mi corazón.

En una mañana serena, cesó la pena mía,
aquel árbol que me vio vencida de dolor y casi muerta,
me devolvió a la vida, me trajo de nuevo una ilusión.

El caracol

Hoy, vi un caracol,
murió en su casa,
como él quisiera ser
su vestido le dio amparo
y sepultura.

El malabarista

Conocí a un hombre que giraba siete pelotas al mismo tiempo,
las aparaba y tiraba, parecían planetas suspendidos.
¡Qué equilibrio!

Ante su mágica habilidad y precisión,
mi incauto corazón cedió,
y en un gesto transparente y noble
le entregué mi único tesoro.

Entonces, el malabarista prodigioso
sumó a sus siete pelotas, mi esfera de cristal,
—se distrajo—
cayeron las pelotas, saltaron sin control.
La esfera que le di se deshizo en mil pedazos,
él medio sonrió, como excusándose,
recogió sus pelotas de hule,
mientras mi corazón se desmoronaba
sobre el cristal roto prosiguió su función.

El nido

"Bendigo mi sexo".
Gioconda Belli

Extraña e injusta lengua
la que designa nuestros sexos,
al tuyo le llama paloma,
al mío le dice cucaracha.

Estos simples eufemismos
de naturaleza sexista,
—en descripción zoológica—
definen nuestra identidad.

La paloma simboliza la libertad,
la cucaracha encarna el asco,
¡ah! como vuela la paloma a pleno sol,
la cucaracha se arrastra a oscuras.

La paloma goza del aprecio de todos,
a la cucaracha nadie la quiere.
La bella paloma hambrienta no vacilará
en comerse la horrible cucaracha.

El metalenguaje popular
alaba la paloma,
condena la cucaracha,
marca nuestra coexistencia.

Por eso me apodero del lenguaje,
borro los vocablos despectivos
que describan partes de mi cuerpo
en alegorías de ascos y vergüenzas.

Y para mi sexo,
lo que me designa mujer,
uso metáforas maravillosas
versos que lo celebren.

Es una flor frondosamente abierta
con pétalos y estigma perfumados,
un nido tibio que convida a pájaros
que arrullen, que amen, que mimen...

Féminas moldeables

El desahucio del alma femenina
invita a mercaderes sagaces
y conspicuos carniceros
que se nutren de fragilidades ajenas
que nos venden rasgos como defectos
y arremeten contra el tiempo inexorable.
Acuñadoras de frases taladrantes:
"primero, muerta que sencilla"
repetimos las féminas al unísono
disfrazadas, repetidas y endeudadas
sin percatarnos que en la aceptación
resplandece el verdadero ser.

Los traficantes de pócimas y escapelo
nos convencen de nuestro perverso ADN,
nos cercenan la mitocondria de la abuela,
nos templan la epidermis
y absorben el tejido adiposo,
cómplices-víctimas somos del robo genético
y desamor propio.
Transformadas y homogéneas
nos creemos dignas de amor y de aventuras,
de dar un salto a la palestra pública,
pero el vacío corroe por dentro, todavía.
Nadie nos dijo que todos los cuerpos
respiran, y vibran con ardor
—sin importar la talla, ni el color—

ni que las transformaciones ocurren
en el silencio interior
ni que nuestro cuerpo
es un templo sagrado para venerar.

En Italia

Un viaje es un recuerdo que atesoro.
¡Cuánta ilusión de conocerte Italia!
Tus estatuas, monumentos y pinturas:
La Piedad, Caracalla, La escuela de Atenas,
La Capilla Sixtina, El Moisés, La Galatea...

Tristemente, lo primero que vi,
con una iglesia de Bernini como fondo,
fue como la policía echaba violentamente de una plaza
a una vendedora somalí con sus muñecas folclóricas,
y en un instante se escaparon de mi mente
Rafael, Leonardo, Miguel Ángel... tantos más,
comencé a pensar en Mussolini.

En mi habitación

Mi habitación suspendida en su propia órbita,
habitada de amantes invisibles y un universo de libros,
yo tendida boca arriba, entre mis mansas sábanas,
contemplo mi ventana abierta: una posibilidad real e infinita.

Ese mundo arreglado que son mis cosas,
sentido y orden de mi existencia,
se rompe en un segundo,
hay monstruos entre las paredes de mi habitación:
seres que se están comiendo la madera blanca,
oigo sus ruidos penetrantes, sus rasguños por doquier.

Cierro los ojos, tratando de volver a mi nido,
pero se hizo tarde, han penetrado por las grietas.
Desde la lámpara del techo miro hacia abajo,
me veo en mi cama moribunda.

Eva, Lilibeth y Adán

Eva bebe a sorbos, complacida,
de un cuenco que sostiene en una mano.
La cretina serpiente yace descabezada
sin explicaciones.
Una manzana rueda cuesta abajo,
Adán la persigue desbocado,
a ella no le importa
prefiere los cacomites y zapotes.

Y para esos días
cuando la luna resplandezca
y la sangre bulla y los licántropos acechen
se abrirá al amor, sin culpas ni equipaje
—Adán nunca fue ni ortológico ni fogoso—
o quizá se abrirá al culto de Onán
si no aparece un amante transparente,
Lilibeth le ha dado el manuscrito sapiencial.

Llegará Adán con su podrida manzana
presuroso y casto,
encontrará a Eva desnuda todavía
calentando su chocolate en un anafre.

Ella lo intuirá en los saberes y placeres,
Le contará de a poquito y sin alardes
lo que ha pasado en su ausencia.

Y es que, la vida y el amor ocurren a diario
ajenos de penitencias y pecados.

Fuegos artificiales

Esta vida tan conforme, todo tan ordenado
—familia, trabajo, viajes, compras, celebraciones—
es una comparsa insensible, una falacia social de ojos cerrados,
matriz de autómatas frustrados, consumidores de Prozac y paliativos
y este espectáculo que nos ofrece: puros fuegos artificiales.

Esos fuegos que adormecen y consumen el tiempo
son velitas fugaces en un bizcocho de cumpleaños.
A mí me aburren, no me llaman la atención,
porque mientras, en la superficie reina tanto consentimiento,
otros se van quemando poco a poco por dentro.

Para comprender el otro espectáculo, (zona ignorada de los apaga-fuegos)
hay que sumirse en medio del incendio de los invisibles,
quemarse las entrañas, incorporarse dentro de la hoguera,
regresar de la pira funeraria.

Génesis

La hora incierta de la soledad,
alumbra la calle un farol opaco
cada latido un pasillo interminable,
el hilo amargo de la angustia subiéndome por el pecho,
me estallan luciérnagas en la garganta
vuelan, se me escapan
atrapo una que otra, temerosa
las coloco con ternura sobre un papel
son un poema.

Geranio de invierno

Te rescató el niño
un domingo por la noche,
antes de que llegara a recogerte,
el lunes temprano, el camión de la basura,
sentencia irrevocable, creías,
te vi deshojado, seco, no dije nada.
—Mamá, quiero salvar esta plantita.
Te puso en su ventana, te riega
te habla con ternura,
tú agradecido y resoluto
has crecido frondoso,
desde la ventana miras
las otrora bellas rosas desnudas,
y el jazmín triste sin su aroma
y en estos días gélidos y grises
nos regalas un racimo de flores perfumadas.

Hay amores

Hay amores que son de piedra férrea
duros en impenetrables,
se estrellan,
se vuelven polvo.

Hay amores que se chorrean,
se vuelven estalactitas,
monumentos calcáreos impresionantes,
inmóviles y frágiles.

Hay amores que bullen y se expanden
queman el cuerpo que los abriga,
son pompa, después cenizas,
explosiones efímeras.

Hay otros amores que son de agua
moldeables y blandos,
todo lo penetran,
fluyen inacabables.

Herencias

(Una nana para Felipe Nicolás)

Ta, ra,ra,ra,ra, ta, ra,ra,ra,ra, ta, ra,ra,ra,ra,
Felipito lindo de mi corazón

Tú venido a este mundo hace tan poco tiempo,
mas todavía no alcanzó a comprender mi vida antes de ti.
Hijo mío, yo buscando riquezas que heredarte,
 y tú tan pequeñito me has abierto las minas del Rey Salomón:
Tu ojos vivarachos de azabache son solecitos para mis días.
Tu sonrisa de sandia con dientecitos de azúcar es ambrosía para mí.
Tus manitas regordetas y agárralo todo me tocan y sanan cualquier dolor.
Tus piecitos de tamales me invitan a correr y a descubrir mundos contigo.
Y cuando me dices mamá, créemelo hijo, no hay tesoro que se pueda comparar.
Yo pensando qué legarte, y tú me has hecho heredera de fortuna sin igual.
Ta, ra,ra,ra,ra, ta, ra,ra,ra,ra, ta, ra,ra,ra,ra,
Felipito lindo de mi corazón…

Insomnio de amor

La cama vacía,
deseos que se derriten,
fantasmas eróticos que flotan.

En una cama seca, una mujer con fiebre
se consume en medio de un dilema de amor.
Espera a un hombre que llega de vez en cuando,
a un hombre que ama con desesperación y con locura,
pero que poco a poco le está arrancando el sueño y la cordura.
Ellos no son amantes, los amantes roban estrellas y las entregan,
siembran sonrisas, podan tristezas, no hacen compromisos, se divierten.
Ellos esposos tampoco son, a los esposos los une la continuidad de los días,
los coitos mañaneros, las sábanas húmedas, las pequeñeces cotidianas, el perro.

Esta mujer se cansó de habitar en una frontera porosa,
de cada lado está la vida, sólo es cuestión de abrir los ojos.
Ella mira la luz hacia donde se vuelcan los girasoles y las libélulas,
y si él quisiera, podría asirse del hilo rojo y salir del laberinto, también.

Intervalos

Rompiste mi ánfora
con tu daga penetrante,
me vacié toda.
Llenó mi corazón una quimera.

Ironías

(A Rosario Castellanos)

Rosario, si vieras que irónica es la vida,
tú que siempre llevaste a cuestas el eterno femenino,
ahora yaces inerte y sin protesta
en la Rotonda de los Hombres Ilustres de México.

Island girl

(A Scherezade Garcia)

Me voy para crear un sueño,
he habitado en una isla de montes encantados
y playas seductoras,
oropel y miasma en la misma esquina,
bestiario político ancestral,
urdimbre con los mismos hilos,
llevo ciguas palmeras en el cabello,
cangrejos debajo de lo brazos,
alacranes en la venas,
son de tambores en las caderas.

Me voy para no ahogarme en arenas movedizas,
me lanzo a las profundidades marinas,
Flegias se aleja temeroso, al verme sola,
el mar me arropa con sus encajes voladores,
pero hasta la inmensidad tiene su orilla,
llego desnuda, mojada, indocumentada
a inventarme, a ceñirme a horarios rigurosos,
trabajos extenuantes, muchedumbres aceleradas,
a construir una utopía en soliloquio, a puro verso.

Jorge Luis Borges y el Aleph

Jorge Luis Borges se sienta en la Biblioteca,
rodeado de tantos libros que no saben que él existe,
callado, se apoya en su trabajo y su soledad.

Una imagen que parecería triste, acaso desgarradora,
si pensamos que el gran escritor,
rebuscador de filosofías indescifrables y enigmas librescos,
apenas puede ver.

Sumergido en la gran biblioteca, nadie le presta atención,
se atreve, entonces, a sacar su lente-mágico,
una esfera candente que apunta a un mundo metafísico
sin divisiones de tiempos, ni espacios.
Revisa el descabalado texto infinito,
ve un conjunto inabarcable, deleitable y atroz a la vez
donde coinciden, al unísono todos los puntos del universo
lo ya pasado y lo por venir.
Lee entre las rayas de un tigre.

Comprende los sueños remotos de un hombre.
Ve el reflejo de todos los espejos.
Entiende nuestro conocimiento entre iota e ípsilon tan limitado.

Jorge Luis Borges tiene un Aleph,
nuestra parcial visión le resulta inútil,
he ahí la fuente de su erudición y magia poética.

La marimba

Viajando por el lado del Pacífico
de algunos países centroamericanos,
donde el indio es ciudadano de tercera clase,
y ser negro, ser negro es casi pecado,
yo me río, me río a carcajadas,
cuando un mestizo toca en su marimba un vals vienés
y la gente aplaude, aplaude con orgullo su origen tan europeo.

Las máscaras

Una persona es una sucesión de máscaras
que si intentásemos quitar
apenas quedaría el esqueleto.

La petite fille modèle
(Pour Albertine Sarrazin)

Se sacó las enaguas,
cortina de protección de su pubertad incipiente,
tenía mucho calor.

Abandonó las muñecas y casitas,
nunca le interesaron;
se fue a jugar al monte,
trepándose en los árboles,
coleccionando flores, arañas y lagartos.

Cambió el piso de su habitación de mármol,
por el lodo tibio del patio,
sus amigas frágiles, por amigos guerreros,
decidió jugar al Espartaco
aunque siempre salió vencida.
Aprendió palabrotas,
según su madre groseras y prosaicas,
pero precisas y poderosas,
necesarias para su supervivencia,
palabras que la defendieron, le dieron voz.

Ella fue una niña inconforme,
sudada y desgreñada,
sin lazos, ni encajes
ni aspiraciones de princesa.

Ayunó los cuerpos de la misa obligatoria,
curiosa —siempre— de peligros señalados,
parecería una infanta terrible
embebida en libros y amistades sospechosas
mientras las otras jugaban a la barbie,
en realidad, fue una niña modelo.

La presión de las voces internas
(A Ricardo Lindo)

La inercia burguesa de antaño descansa ajena
a tu marginalidad.
—Niña Eugenia, ¿le sirvo un cafecito?
 Las viejecillas implorando en las iglesias:
—¡Santo niño de Atocha que no nos quiten la finca!
Los borrachos desahuciados en los bares:
—¡Maje, hay que largarse de aquí, antes de que nos maten!
Las novias sin novios que esperan casarse:
—Primero dios, y encontramos novios en las fiestas agostinas.

Se desbordan los ríos íntimos:
—*¿Cómo la transparencia de este amor es un pecado?*

Te arrastran al manicomio, la gente te mira,
(amar es, a veces, un escándalo)
tú apenas hablas, perturbado.
Cierran la puerta, te empujan sobre un pasillo interminable,
las voces chillando interiormente, no se aplacan,
buscas una mano que te agarre, no la encuentras,
la luz te ciega, la camisa te aprieta demasiado.

Acechan espirales danzarinas, recuerdos de infancia,
sueños rotos, sollozos, cicatrices, vergüenza.
Huele a ausencia, hace frío, la cama sin sábanas.

—*La vida pesa en una habitación antiséptica sin ventanas.*

Te presientes raro, un hombre sensible y además poeta.
Pasan los días: interrogatorios, pastillas, cautiverio,
te recoges, callas, aceptas tu verdad que flota huérfana.

Abren la puerta, te dejan salir,
torogoces y garrobos te señalan el camino a casa,
la luz tenue de la tarde te aguarda en medio del jardín,
has llegado cargado de ilusiones y poemas.

—Ya no guardo secretos, se han oxidado.
Un hombre puede amar a otro hombre sin reparos.

La voz punzante del alma
(Para Zoilamérica)

Linfa de pozo oprimida
brota silencio en las jarras
en el musgo de los troncos
la cobra tendida canta.
F. García Lorca

Al frente, unos volcanes azules
sobre el cielo, una luna vibrante
debajo, una casa recién pintada.

Detrás de una puerta cerrada
una niña asustada se esconde
de quien de día golosinas le regala.

La casa habitada de sordera
una silueta masturbándose
los faustos duermen tranquilos.

En el umbral de la habitación rosada
aguarda el destazador de cuchillo penetrante
con tufo de guaro y cigarros.

La risa del cobarde avanza
se resbala la sábana blanca
recuerdos de letanías y rosarios.
Escalpelazos que rajan el alma
bramidos de trompeta rota.

La savia se esparce
llueven lisonjas de espinas
las vísceras vomitan lava.
Hoy, el candil se apaga
la función ha terminado
continuará mañana.

La niña deshojada despierta
a un desayuno en familia
ella muda, los otros distantes
el zopilote hambriento, todavía.
Nadie conoce a nadie.
La voz punzante se ahoga
en las entrañas desgarradas.

El gigante persigue tras las sombras
la madre soñolienta se retira.
La piel, las venas y los huesos rugen
una rayito de sol ilumina el aposento
la chavala de ayer se hizo mujer
ha llegado la hora de librar batallas
el momento del aquí estoy yo.
—¡No te atrevas a tocarme!

Las dos Giocondas

(A Gioconda Belli)

La primera la conocí por imágenes,
aparecía en libros, anuncios y estampas,
me cautivo su sonrisa tímida y enigmática,
por mucho tiempo pensé que contenía su risa,
después comprendí que su sonrisa abarcaba
toda la pena y el regocijo de este mundo.

Entonces, también, pienso que la Gioconda florentina
es el propio Leonardo disfrazado de mujer,
toda su perfección artística resumida en un retrato,
sus manos cruzadas, su cara perfectamente ovalada,
sfumato y *chiaroscuro* funden mujer y paisaje,
cuerpo y atmósfera ponderados simétricamente.
¿Cómo puede abarcar una sola pintura
tanta anatomía y sentimiento?

La otra Gioconda es tan mágica como la primera,
mas, es centroamericana y revolucionaria,
conoce de lucha armada, de separación y de exilio,
pero lo que me acerca a esta Gioconda mesoamericana
es su alma de poeta y su pluma inquebrantable,
ella, toda novedad de ademanes y versos claros,
sólo su nombre es repetido,
su voz canta sincera al tesoro cerrado de la mujer.

La Gioconda que pisa la tierra de Darío,
se funde con su historia y su paisaje,
y sin miedo, ni vergüenzas, nos invita por igual
a cantarle al cuerpo, a la huelga de ojos, a sembrar entre las milpas.
Yo admiro a esta Gioconda que se atreve abiertamente
 a amar a hombres y a mujeres, sin desplante,
que se enreda entre el dolor y las balas de su tierra
que quiere con su poesía cambiar a su país tan asediado.

Las estaciones

La primavera es un bolero,
ansias de enamorarse
un retoño confiado de esperanzas.

El verano es música tropical
de estirpe franca, lujuria y bulla,
cadencia de tambor en la cintura.

El otoño es un abrazo sensual,
granate, elegante y apasionado,
geometría nostálgica al son del bandoneón

El invierno es una sinfonía racional,
monocromo vasto sin alardes,
pausa emocional que invita al soliloquio.

Las madres en Irak

(A todas las madres y niños que viven en guerra)

Una noche apacible, la ciudad duerme
en mi sueño de madre nueva descanso a medio pelo,
mi hijo duerme el sueño diáfano de la flor de infancia.

Me despierta un torbellino de aleteo de hélices,
me asomo a la ventana, desconcertada,
veo dos helicópteros revoloteando, oigo sirenas.

En un segundo me preparo para la batalla
mientras arrullo a mi hijo que se quiere despertar,
empaco pañales, biberones, provisiones, agua,
cobijas, toallas húmedas, ropa, linternas, medicinas.

Las ventanas de los vecinos se iluminan,
pienso en la brevedad y la fragilidad de la vida,
en mi hijo tan tierno e inocente, nueve meses apenas,
en los otros niños, las otras madres desesperadas.

Todo vuelve a la calma, fue una redada,
mas mi corazón no encuentra sosiego.

Pienso en las madres en Irak,
el futuro vacuo de sus hijos,
las explosiones, los asaltos, la zozobra
en cualquier momento, en cualquier lugar,
todos los días sin tregua, ni aliciente
desde hace ya tantos años.

Leyes geográficas

¿Dónde está El Caribe?,
en el medio de América llorando
entre la serendipia de don Cristóbal
y la doctrina de Monroe.

El Caribe sufre la modorra del cangrejo,
—inercia de banana y de guarapo—
suenan los tambores: tiempo de carnaval.

Piélago de pepitas de oro
banquete para las algas fabriles,
manantial de ron para dipsómanos.
A veces, el futuro es un naufragio
camino al norte.

Llamado urgente al pueblo salvadoreño

(A la muerte de Álvaro Menéndez Leal)

¡Atención!, se están muriendo los poetas,
aunque señal de mejoría amerita el llamado
ya que no dice: ¡Están matando a los poetas!

Sin embargo, no es excusa,
es hora de que se levanten hombres y mujeres comprometidos
a quienes la congoja y la violencia no les sean indiferentes,
vates que pueblen los espacios que los otros van dejando.
Es el momento de parir bardos y trovadores por doquier.

Hoy, nadie hace el amor en el refugio atómico,
una luz negra cubre el El Salvador,
un volcán se apaga para siempre. ¡Don Álvaro no está!

Llamaradas de primavera

El dragón furioso sopla ráfagas de viento,
llamaradas ardientes, ya no más,
hasta el fuego pérfido es finito.
Ante semejante castigo
vomita vendavales vengativos a los dioses,
arrasa a magnolias y cerezos,
embiste contra pinos y astromelias secas,
el rosal encapullado logra sobornarlo.
Remolinos de ramas, papeles y plásticos
zumban las calles de mi ciudad,
los diminutos azafranes duermen intactos,
dos niños salen a volar en patinetas,
me traen ramas absurdas, cercenadas,
las coloco en un florero contra la ventana
—despiertan agradecidas y perfumadas—
desde afuera, un árbol se inclina a saludarlas,
las únicas que conocerán la primavera,
el dragón bauzador se retira, arrepentido de su furia.

Llanto destapao
(A Katia Capllonch)

Y la canción del agua es una cosa eterna.
F. García Lorca

España, otrora de luz y magia, engendra fantasmas,
se emborrachan de vino y de olivas los duendes,
un estruendo agudo viola los sentidos.

Jinetes andaluces —mil— salen de los naranjales,
redoblan campanas en cien catedrales,
a lo lejos, los ayes gitanos muerden el cielo.

¡Mirad, como desborda de sangre el Guadalquivir!
Suspira la luna sobre una sombra quemada,
y las yerbas mansas de ayer, ¿por qué hoy cortan carne?

Vírgenes enmantilladas de resurrección piden un milagro,
se tornan amargas las guindas en conserva,
en los faroles se queman mariposas de nácar.
¡Ay, ay, ay que lo han matao!, llora una cigarra azul,
se desangra por los ojos, por las yemas de los dedos,

¡Federico inerte! ¡Federico acribillado! ¡Federico muerto!
Y sobre la benemérita, vuela una nube negra de cuervos.

Pájaros enlutados te tejen una estrella de azahares,
resuena un lamento andaluz de Granada a Buenos Aires,
el viento de los olivares sopla y tu río te canta una canción.

Los abrojos del bien

¿Qué buscan —me pregunto— los ciegos en el cielo?
Charles Baudelaire

Ah, ¿quién pudiera andar por dondequiera?,
deleitarse ante un paisaje inofensivo
gravitar descuidado donde la tierra invita
creer con ilusión que se está creando un porvenir.

Mas, yerbas malditas asoman por doquier.
Una hoja de lija y otra hoja, mil incisiones incerrables
nada quedará a salvo:
ni los niños que sueñan videojuegos,
ni los CEO de las mega-trasnacionales
ni los que cruzan la frontera buscando trabajo,
ni los que cruzan al dentista de Tijuana,
ni los padres de los "honor roll students",
ni el perrito que se alimenta de comida orgánica,
ni los trabajadores agrícolas mal pagados
ni el dueño de la finca explotador,
ni las debutantes del country club,
ni el vendedor de chicharrón del mercado,
ni los que recetan pepas adictivas en consultorios de lujo,
ni el zapatero ambulante de la esquina,
ni los que tienen el don de lengua en misa los domingos,
ni el indigente que empuja un carrito con sus bártulos,
ni el vecino que le hace el amor a su Porsche rojo,
ni la reina del sur, ni la del norte,

ni los piratas, ni los emperadores,
ni los apocalípticos, ni los integrados,
ni tú, ni yo.

—¿Quién detiene esta fecundidad atroz?
Su savia es sabia, nuestra sangre, bruta,
nos ciegan sus lanzas espinosas.

Sembrar, cuidar maleza sin mesura,
el mundo saturado de cardos vencedores,
y nosotros chupando vaciedad.
Aquí, una vaca pace con la lengua rota.
Allá, el mar vomita niños muertos
y los peces cebados de cadáveres flacos.
Ahí, otra guerra, otra mentira que pagan inocentes.

¡Ay!, despertemos de este fútil sueño,
que la vida podría ser indulgente y buena, si quisiéramos
y el camino —a veces— una alfombra de flores y follajes,
cercenemos los abrojos de raíz,
que nos mate la muerte, no el taedium vitae.

Los niños del circo

Llegan los niños al circo, vestidos de domingo,
hechos un torbellino de risas y saltos.
Los padres les compran globos y golosinas
reina un ambiente de azúcar y algarabía.

Pasa un payaso de grandes zapatos rojos,
Los chicuelos lo saludan, les sopla burbujas.
Los tigres —viejitos— bostezan en sus jaulas,
Papá, ¿me compras una jirafa?, pregunta un chavalito.

Se acerca un grupo de niños ajados y flacos,
sus ropitas rotas, algunos descalzos, sus caritas sucias,
venden refrescos en bolsa, algodones dulces, recuerdos del circo.
—¡Lléveselo, lléveselo, se lo doy barato!

Se apagan las luces, la función comienza.
Una manada galopante arriba, son los niños sin boletos,
Se cuelan por debajo de las carpas, se colocan debajo de las gradas,
ordenados, calladitos, con sus chuches que venderán más tarde.
¡Qué hermoso es el circo para todos los niños!

Madre-adolescente

Pobre país mío: madre-adolescente
natilla moldeable, chocolate de agua salobre,
café de borra sin azúcar para los pobres,
mulatita con fuego en las caderas
dejaste la escuela para cuidar a tu hijo,
le cambiaste el mangú con huevos por "conflé",
al niño Jesús por "Santicló" y
la fiesta de San Andrés por "jalouin"
fascinada por cosas que no conoces,
ni puedes pronunciar,
persiguiendo purpurina dorada
para taparte las picadas de mosquitos,
comprando trapos con las tripas vacías,
sin grandes planes,
dejándote llevar por lo que encuentras en el camino,
o te tiran los pedófilos,
tú siempre con el corazón y las piernas abiertas,
esperando que te salven,
te dejas cortar tu melena-bosque,
te cercenan tus pechos-cordilleras,
te chupan tu sangre-río
y lloras lágrimas de mar contaminadas,
pataleas y reniegas de tu suerte,
culpas a tus progenitores incapaces,
y a los hombres que te abusan,
y a tus vecinos pobres,
y a los que tienen lo que no tienes;

pobre país mío: madre-adolescente
avistadora de unicornios, princesa Disney,
marioneta de ocasión, ingenua y maltratada,
quisiera que crezcas y seas una mujer
que sueña, piensa, decide y hace por sí misma
que cultiva su propio jardín,
que atesora sus bienes
y que abre su propio horizonte.

Mauricio y Meme

En la sala de mi casa hay un grabado,
Mauricio Babilonia y Meme Buendía desnudos en un baño,
al fondo, una tina donde el aprendiz de mecánico descansa un pie,
mientras, temblando de amor, mira a Meme,
la atmósfera inundada de mariposas amarillas,
cómplices, por tantos meses, de su amor desaforado.

Ayer, al tomar una siesta y despertar disimuladamente,
los observé haciendo el amor con cierta urgencia,
se apoyaban en la tina, las mariposas volaban inquietas,
al encender la luz para comprobar tan magnífico espectáculo,
vi que estaban en su posición original, ¿lo soñaría acaso?
¡Ah! Mauricio tenía sus dos pies plantados en el suelo.

Hoy, observo el cuadro mágico,
consciente de la dinámica propia de los objetos,
y me pregunto ¿si visitan a las figuras de los otros cuadros?
¿Acaso conocerán a los personajes de mis tantos libros?
De reojo, veo a Mauricio quien mira a Meme como siempre
con un pie descansando en la bañera.

Me hubiese gustado llamarme Viridiana

Yo hubiese querido vivir en una casa de energía solar,
redonda y giratoria, en un monte, cerca de un río
con una claraboya inmensa donde se filtrara el sol
y repiquetease la lluvia,
habitada de plantas, animales, libros, papeles y lápices,
con un huerto, girasoles, cayenas y colibríes;
canjear frutas, flores, poemas, collares por otras cosas,
la puerta abierta, y ollas de guiso sin fondo para quien llegase
 —como en la casa paterna: albergue de todos—,
oír historias, conversaciones, canciones sin prisa,
haber llevado vestidos ligeros de algodón sin nada debajo,
alpargatas, las greñas sueltas, hermosa y adornada,
comenzar todos los días con chocolate espeso y poesía.

Habría salido con mis perros por las noches, sin rumbo,
a conocer y hacer el amor sin contratos, ni expectativas,
a dormir bajo las estrellas, o en otras camas, sanamente
a amanecer entre versos y canciones con amigos.

Hubiese sido aliada de María Sabina y sus pócimas,
de vez en cuando, habría ido a la ciudad a disfrazarme, tatuarme,
comprar libros y discos, quizás a algún café del centro, o al teatro.

Mas trabajo en un cubículo asfixiante de sol a sol
rodeada de profesionales aburridos y supervisores abusivos,
mi jefe tiene un título de Harvard y la cabeza hueca,
llevo mucha ropa, me peino, ando de prisa, dormito en el metro,

me duele el alma, consumo xanax,
en vez del té de hongos de María Sabina,
estoy casada y cansada, pedimos comida a domicilio, vemos la tele,
los fines de semana compro en persona y por internet,
voy a la peluquería,
salimos a comer, emborracharnos y quejarnos con conocidos,
visito a mis familiares y amigos por facebook, twiteo mis ideas,
trabajamos duro para pagar una casa rectangular y comprar cosas,
me hubiese gustado llamarme Viridiana
y salir por las noches sin rumbo.

Muñequita de papel

La mujer se aprende su papel ya definido,
y por necesidad y justificación ante su ambigua circunstancia,
espera que el hombre juegue el suyo de esposo.
Defínase éste: portador de identidad, proveedor de realidades económicas,
fecundador de hijos, realizador de fantasías, adivinador de sueños frustrados,
compartidor de problemas domésticos y existenciales, etcétera, etcétera.

La mujer juega su parte de muñequita de papel,
defínase ésta: receptáculo[2]
así le enseñó su mamá y espera la sociedad,
ella juega y teme a la vez,
porque sabe que dios la va a recompensar,
porque su marido podría dejarla por una muñequita de papel más joven,
o en el peor de los casos por una diabla.

2. Cavidad carnosa en la que puede contenerse cualquier sustancia

Defínase esta última:
mujer atrevida que no tiene miedo de inventar su propio juego,
usualmente, los hombres la respetan y quieren jugar con ella
y las muñequitas de papel la odian.

A veces, la muñequita de papel juega toda su vida,
mientras el esposo está ocupado viviendo y se le pasa la hora de jugar,
ella sigue esperando que el esposo llegue,
y se da cuenta un viernes por la noche, en medio del hastío,
que se le hizo tarde mientras jugaba a la pareja ella solita.

La muñequita de papel sólo puede vivir en un escenario dibujado:
su casita linda y ordenada.
Ella, como los títeres, no tiene voluntad,
ella no sabe que no sabe,
su vida es telenovela, cuento a lo más.

Nostalgia metafísica
(Capitis deminutio)

Qué espantoso, me despierto sin saber quién soy,
se oye una voz lejana que dice algo, pero no alcanzo a entender.
En un inventario rápido y atolondrado descarto:
piedra, árbol, renacuajo, jirafa, éste, aquélla…

Eso de tener tronco y extremidades amerita cabeza,
me pruebo una y otra, no encuentro una que me acomode,
agotada por el trajín y sin encontrar la talla,
me pongo cualquier pieza.
Quizá sería mejor andar acéfala y despegada.

Ahora que tengo esta esfera sobre los hombros,
pienso y quiero cosas, recuerdo, planeo y actúo.
Tengo nostalgia de andar suspendida en el espacio,
melancolía del silencio, necesidad de todo,
busco el espectro de la aurora, no sé qué decir.

Odisea

Me imponías tu ausencia azucarada,
mientras vivías a plenitud periplos insondables
habitados de engendros y sirenas.
Me desollé los dedos tejiendo poemas de lágrimas y sangre,
esperando tu efímero regreso, luego, tu súbita partida.

Regresaste cansado de andanzas y desvaríos
entonces, quisiste encerrarnos en la casa
—un paquidermo me aplastaba el plexo solar—
tantos silencios desgarrantes, ¿para qué volviste?

Qué comedia, pretender lo que no somos delante de la gente,
ahora, los achaques y excesos cometidos te desvelan,
precisas una enfermera, ¡yo soy poeta!,
con el niño en una mano y el manto de versos en la otra, partí.

Penas

Sentirse triste no está de moda, lo tildan de enfermedad
ha de curarse con recetas psicotrópicas,
plegarias monoteístas o terapias de bizarría.

—*¡Tengo ganas de deshacerme en llanto!*

La pena momento sagrado y transformador,
vitamina del crecimiento y la autoestima,
nos ha sido arrancada y sustituida por una sonrisa idiota
que nos permite trabajar, irnos de copas y preparar la cena,
entre otras cosas, mientras seguimos sin parar.

—*¡Los asuntos del corazón desvelan!*

Si la tristeza aflora vacilante, le aventamos la puerta,
la aplacamos con felicidad de pepas, compras, licor,
cirugías, textos, rezos,
a veces, sexo.
El prototipo placentero de revista y celuloide sonríe sin corazón,
lo queremos plagiar, ¡ya la princesa no está triste!

—*¡Quiero silencio para mis pesares!*

¿Qué más genuino que nuestro propio dolor?
Ese vacío punzante que nos visita sin aviso previo a todos por igual.
¿Por qué no invitarlo a pasar y conversar un rato a solas?
¡Ay tristeza, manantial de poesía genuina e infinita,
no me dejes sola entre tantas cosas que me perdería!

—*¡Ay que no me arranquen mis penas!*

Perdón Poesía

Una mujer se prostituye en una oficina,
se ahoga entre reuniones y ejecutivos,
cegada por monitores, estadísticas y gráficas,
víctima de un buen salario que la sedujo.

El sol pega a las dos de la tarde por la ventana,
ella rendida en un trabajo predecible y lógico,
se derrite en condescendencias mudas,
se toma un café para poder terminar el día
después, el *"happy hour"* de colegas aborrecidos
que ahogan las horas infelices y esperan el próximo sueldo,
los días pasan, el tiempo apremia, las palabras escapan.

Regresa a casa a la hora del crepúsculo
emocionada, se le ocurren unos versos
que no logra escribir esa noche
de un hoy que se parece a ayer y a mañana:
la monotonía es una telaraña dulce.

Otro día gris, vestida de gris en la oficina gris,
sabe que se está suicidando a paso lento,
borrega corporativa, agendada y sin referente,
la poesía pulsa a punto de reventar, dolor de taquicardia.
se pregunta la pregunta de su padre: ¿de qué viven los poetas?

De camino a casa, se detiene ante una tienda abandonada,
burlando el tedio, se atreve a abrir la puerta y entra,

las palabras flotan, algunas la atraviesan, las acaricia
languidez, escalofrío, suplicar, impalpable, bruma, gladiolo,
labios, sombras, atravesar, albura, hipocampo, volver...
cierra la puerta con cuidado, saca su libretita y lapicero del bolsillo
se echa al suelo, hay mucho trabajo por hacer.

Personajes de ficción

—La Eulalia le da tiste, le da una tortilla
grande, redonda y caliente y le pregunta cómo
se llama.
—Sofía —dice ella y se pone a llorar.
No sabe de dónde viene, ni para dónde va. La
niña tiene ojos de almendra, nariz recta y un
pelo negro tupido y crespo. Es morena lavada.
Sofía de los presagios. Gioconda Belli

El reloj incesante y su aguja encantada no paran,
voy buscando certidumbre y quietud a mi sino,
se desdibuja mi espacio caprichoso,
me cuestiono quién soy, me adormece la poesía.

En sueños, cosecho personajes,
en la realidad, me habitan muchas personas,
en ambos soy voluptuosa y desmedida,
me confundo con lo que he leído.

 Me gusta la soledad de las habitaciones arregladas
donde se tejen telarañas y cantan grillos.
Compañía y confort nunca me faltan,
tengo libros, música, un jardín, algunos amigos,
y un perro.

Mi puerta se abre y es un teatro,
un punto de contacto con el mundo,
a veces salgo a actuar,
otras, la función es en la casa.

¡Ah! ¿ y el amor dónde ha quedado?
El amado aparece detrás de cada cosa,
él vuelve tranquilo sin anunciarse,
tenemos raras manías.

Piel de ciudad

(A Luis Cardoza y Aragón)

En camiones, apiñados como reses que van al matadero,
llegan los indios a la Ciudad de Guatemala,
las indias con sus niños blandamente atados a sus espaldas.

En un gesto cándido, todos se bajan del armatoste fatal
traen la piel marchita, los pies descalzos y agrietados,
las esperanzas gastadas en el camino.

Con docilidad y sin saberlo,
entran en una cárcel sin paredes para no salir jamás,
esta ciudad —colonizada— los devora en un minuto,
luego, los vomita para siempre a un paisaje ajeno y sin sentido.

¡Ah! si los vieras, hechos guiñapos, todos esqueléticos y sudando fiebre
como marchan impávidos hacia un camino negro sin Xibalbá,
su único consuelo es rehilar y contar las lunas.
Un indio, una india, los hijos del Sol, ahora oprimidos y explotados
permanecen fieles a la belleza y al color de su tierra,
hilando con sudor y sangre la grandeza de su linaje en sus telares.

Trescientos años de dolor y de penumbra, no han desteñido sus vestidos fabulosos,
conservan sus güipiles los matices de la aurora,
y en silencio y sin falsía, la gloria del país de las flores es todavía de ellos.

Placeres y desvelos

Me complacen la ropa holgada y los abrazos apretados,
de a ratos, los amigos y deambular inadvertida,
un libro y la ciudad a medianoche.

Me inquietan las farmacias por doquier y la Diet Coke,
los centros comerciales y las armerías en los suburbios,
los niños haciendo deberes y los parques vacíos.

Me asustan los enemigos indefensos y las oficinas de guerra,
el patriotismo excluyente y las excepciones de la piel,
las misas de domingo y el odio al prójimo extranjero.

Me desvelan los exégetas y sus depósitos bancarios directos,
el aburguesamiento de barrios étnicos y sus desplazados,
los chupadores de esencia y sus palabras huecas:
democracia, justicia y progreso.

Pluma contra plomo

(A Roque Dalton)

> *Quiero minar la tierra hasta encontrarte*
> *y besarte la noble calavera*
> *y desamordazarte y regresarte.*
> Elegía, Miguel Hernández

Las ventanas aventadas en los rostros
de los pobres, los trabajadores, los hijos naturales, los indios.
Los cafetales en flor, los campesinos marchitos,
niños preñados de lombrices, desayunan café de maíz,
no cantan, no conocen El carbonero.
El país tiene sus catorce herederos,
tú, como la gran mayoría, no los conoces,
tú no conoces a nadie que los conozca,
hay que reírse,
llorar por treinta mil muertos enteros, sería interminable,
además, no los conoce nadie.
Sin embargo, la vida pesa,
y otros cantan, cantan, cantan,
y se llenan el buche de pupusas suculentas, y atol espeso,
la mano dura siempre, los protege.

Todo iba muy bien,
hasta que aparecieron los poetas,
esos locos malditos con sus plumas y descontento
se apandillaron, fusilaron muchas noches,
noches plagadas de poemas y bohemia
nombraron a cada cosa con su nombre:
explotación, injusticia, discriminación,
las palabras, también inquietan.

El Circulo Literario Universitario calcinado
la poesía inquebrantable, gritando sus verdades
tú con alma, ellos con armas,
tú que creías en todo por tu patria,
tú con la poesía debajo del brazo como el pan,
alimentándonos a todos.

¡Ah, poeta guerrillero!,
creíste en la vida que llegaría para todos con tu lucha,
no te quedaste en Praga, ni en La Habana,
regresaste a firmar tu sentencia de muerte con el ERP.
Duele, duele profundamente
tu risa interrumpida tan temprano,
preso, de pie, te llegó la hora siniestra
tu muerte a quemarropa, dos tiros traicioneros:
el primero en el hombro, el segundo te desbarató la cabeza,
dos tiros certeros quisieron silenciarte.
Tragedia abrupta, asesinos sin culpa,
guerrilleros convertidos en burgueses y asesores,
la hora de la justicia está lejana,
cuarenta años después en El Salvador
no caminamos con nuestros hijos por las calles.

Hoy, en un vertedero llamado El Playón, donde
zopilotes y perros aguacateros se cebaron de cadáveres
de escuadrones de la muerte y la guerrilla,
a alta hora de la noche sale un unicornio azul,
corre desbocado sobre las siemprevivas del sacrificio,
se oye su risa contagiosa.

¡Ah, los poetas!, desobedientes siempre
junto a la flor, la abeja, el pan y la tormenta pronunciamos tu nombre,
pronunciamos tu nombre entero con sus once letras ¡Roque Dalton!,
porque no has muerto.

Poeticidio

En este pretender absurdo de normalidades,
me levanto, trabajo, compro, me acuesto...
Un vivir en orden sin revelaciones,
El esposo, los niños, el perro
¡Ay! Mis dos yos me están acabando,
hola, qué tal, cómo no, hasta luego...
Se baten cuerpo a cuerpo, me aflijo,
pan, leche, carne, verduras...
¿Por qué duele tanto un destino incompleto?
Limpio, lavo, plancho, ordeno...

Y, yo me niego la vida a cada momento,
tengo, quiero, necesito, consumo...
Matando al poeta, abortando poesía,
me levanto, trabajo, compro, me acuesto...

Rapsodia Azul

(Para Alfredo)

Nuestra Rapsodia escrita por fragmentos
que son tuyos, que son míos, que son nuestros,
no conoce ni rupturas, ni vacíos, es eterna,
está singularmente creada en el infinito azul que nos refleja.

Ni en los clásicos, desde Homero en adelante,
quien inventó la rapsodia como género literario,
ni en los versos ovidianos, ni en los neoplatónicos,
encuéntranse estrofas de tal magia y pasión
que describan nuestra historia de amor.

Ni acaso el virtuoso Gershwin con tanto genio
cuando compuso su *Rapsody in Blue*,
"my happiest creation" según el mismo artista,
fue capaz de crear una melodía
que encerrase la dicha de nosotros dos.

Ni en los azules repletos de Van Goh
en su *Starry Night*, los campos de cobalto
titilantes y estrellados, ¡qué divino espectáculo!
Ni siquiera el gran Maestro
fue capaz de retratar nuestro intenso azul.

Ni Darío en la maestría de su *Azul*
poemas que son música para el alma
de bellos versos, de rica rima,
pero, ni en sus sensibles y galantes sonetos,
¡ni aún ahí! se encuentra nuestra plenitud interior.

Saga migratoria

Quisiera que a la par del tren que cruza México de sur a norte,
donde caen brazos y piernas por pedazos, brotaran jazmines
que a esos cuerpos mutilados le crecieran miembros vigorosos
que se convirtieran en Hermes.

Que el desierto apareciera preñado de oasis insospechados.

También, quisiera que los peces de El Caribe y el Mediterráneo
no fuesen carnívoros que comieran algas u otros peces, y
que parieran enteros los trozos de cadáveres que se devoran,
que de cada hombre, mujer y niño que expiró en el viaje
naciera un Poseidón.

Que en las ciudades crecieran escuelas y hospitales públicos.

Quisiera que a los gobiernos exportadores de personas,
cisternas de remesas de agobio y sangre,
criaderos de jornaleros desterrados sin derecho al voto,
y a sus representantes materiales: empresarios, policías y coyotes,
en un gesto de infinita justicia distributiva
llegase Némesis y los calcinara.

Son My y El Mozote memorias dolorosas
Dos relatos para que no se nos olviden
(A Edwige Danticat)

Campos sembrados de cruces
Y bosques de femorales
Sordera, estupor, ceguera y ellos no volverán.
Álvaro Menen Desleal

¡Tudi maus! ¡Tudi maus! ¡Tudi maus!

La mañana del 16 de marzo de 1968
Ha Thy Quy tenía un esposo,
tres hijos descubiertos a la vida,
y otro hijo que crecía dentro de sí.
Esa mañana tranquila en un país en guerra
un abejorro enorme levantó el techo de su casa,
y los arropó con un aguacero de plomo
Ta, ta, ta, ta, ta…
Su esposo y uno de sus hijos huyeron perforados.
Muchos no encontraron amparo, el campo se hizo carnicería y tumba.
Quinientos cuatro muertos en cuatro horas.
Los insectos eran muchos y alumbraron soldados,
¿quién va a morir tan temprano?
Las madres con sus manos juntas rogaban por la vida.

Un culatazo y otro, llenaron una acequia de mujeres, niños y ancianos.
Ha Thy Quy cayó con sus hijos a su lado, llovieron balas al pozo.

Ta, ta, ta, ta, ta…
Se despertó, en medio del caos y clamor en un embrollo de muertos,
agujereada en la espalda y las piernas. —¡¿Mis hijos?!
Su niña sin aliento, carita de luna menguante, (le faltaba la mitad de la cara)
su niño descansaba a su lado, muerto.

Ha Thy Quy se arrastró por los cadáveres y pozas de sangre,
unos niños abandonados le dieron la mano, quiso llegar a casa;
encontró muchachas desnudas, violadas y sin vida, apiladas,
se paró a cubrirle sus cuerpos; desde otro abejorro, la divisaron,
se posó el insecto, aparecieron más soldados, cerró los ojos,
temió por la vida que incubaba, sus ojos rotos vieron desde arriba:
los caseríos destechados, las cosechas de arroz quemadas,
el rimero de jóvenes, ancianos y niños muertos.
Llegó a un hospital donde, unos meses después, dio a luz.
¡Otro Viet Nam jamás!

Trece años más tarde a 16,000 kilómetros.
La noche del 10 de diciembre de 1981
Rufina Amaya tenía un esposo y seis hijos,
vivía en una comunidad trabajadora y orgullosa,
era una noche tranquila en un país en guerra,

todos guarecidos en sus casas por órdenes del ejército,
junto al crepúsculo llegó un hormiguero de soldados,
¿quién va a morir esta noche?
Pun, pun, pun, pun, pun…
Las puertas aporreadas y pateadas, el gentío afuera.

Rufina Amaya , otras mujeres y sus niños apiñados en una casa.
Los hombres y muchachos empujados a una iglesia, pisoteados.
En la plaza central donde antes jugaban los cipotes,
los lugareños esparcidos boca abajo e inventariados,
los pequeñitos lloraban de hambre y frío,
los que lloraban más duro, eran los primeros, ya no regresaban,
eran casi novecientas personas, muy pocas sobrevivieron.

Preguntas sin respuestas precisas, machetazos acertados
Zas, zas, zas, zas, zas...

Cadáveres sin cabeza, los demás ametrallados.
 Ta, ta, ta, ta, ta, ta, ta...

Las muchachas violadas y rematadas en la falda de un cerro.
Rufina Amaya y las otras mujeres camino a la muerte segura,
sollozando, rezando e implorando piedad.

Rufina Amaya se les escurrió, un manzano silvestre la escondió,
antes, oyó el asesinato de cuatro de sus hijos, y otros niños.
Las vocecitas quebradas: ¡mamá nos están matando! ¡ay, ay, ay!
Luego les pegaron fuego.

Rufina Amaya arrastró su cuerpo debajo de alambres de púa,
con sus manos temblorosas cavó un surco en un plantío de maguey,
enterró su cara para llorar en silencio la muerte de los suyos.

Columnas de humo, charcos de sangre, zopilotes volando en espiral,
campesinos masacrados, niños muertos abrazados a sus madres.
¡El Mozote nunca más!

Un día en París

"Tout vas tres bien, Madame la Marquise,
tout vas tres bien, tout vas tres bien"
Paul Misraki

¡Oh, París ciudad luz!
Todo marcha magníficamente

Gare St. Lazare, ocho y cuarto de la mañana,
un tren repleto: muchos inmigrantes sudando,
algunos turistas norteamericanos recién bañados,
y unos cuantos parisinos perfumados.

Rue Fauburg, cerca del mediodía,
en el distinguido barrio de Saint Honoré,
un indigente que se masturba a pleno sol,
los transeúntes pasan indiferentes

Les Halles, tres y veintiséis de la tarde,
un hombre que trafica morfina,
un grupo de toxicómanos desesperados,
la policía camina como si nada.

Station de Metro Invalides, casi diez de la noche,
un mulato descalzo y sin camisa grita:
le savoir est le pouvoir, c'est la France, merde!
De un salto cae en el metro, y se sienta junto a mí.

¡Oh, París ciudad luz!
Todo marcha magníficamente.

Un huracán y una mujer
(Durante el huracán Isabel)

Un paisaje oscuro alumbrado por relámpagos,
un lamento que revienta techos y penetra el alma.
Una mujer desnuda y mojada llora a cántaros
se desgasta a chorros, se ahoga en su pena.

La incertidumbre la asalta,
su báculo sale disparado, pierde el equilibrio.
Temibles pensamientos la estremecen,
se tambalea de un lado a otro, a ciegas,
se le empapan su vida y su refugio,
se confunde, se debate en un torrencial interno.

Un huracán que observa atónito por la ventana
un minuto en la vida de una mujer cualquiera.
Ese vendaval no sabe que habrá noches de luna llena,
que esa mujer sembrará ilusiones, cosechará poemas.

Una hormiga en Nueva York

Llego a Nueva York, me saluda su arquitectura rota.
Los vendedores de heroína y crack de otrora se han marchado.
Y los indigentes, las putas, los mimos,
los drogadictos, los borrachos que se caían en las esquinas,
¿dónde los han guardado?

Hoy, Nueva York sabe a tenedor oxidado
las marimbas de edificios kilométricos no suenan,
las vitrinas novedosas y eclécticas reflejan oquedad.
Por el Central Park, pasito a pasito,
van las viejitas enjoyadas con sus perritos.
Cuánta gente de cera, sin grasa y con pose,
me pregunto si les da hambre, si tienen corazón.

Dos cuadras arriba el paisaje cambia:
grama y flores sintética, neumáticos apilados,
la gente no es arrancada de revistas,
veo a unos borrachos, beben frente a una casa descascarada,
ahogan sus pesares en bachatas tropicales.

La ciudad me envuelve en un fado doloroso,
el plomo siempre deja una estela por donde pasa
y rompe venas, ¿cómo no lo supimos antes?
Será que la incuriosidad no es amiga de la inmortalidad.

Yo, una hormiga sin trenzas de trigo
me hundo en un té amargo de otoño
y pienso cómo derrumbamos ciudades por aquí y por allá
sin importarnos por igual las consecuencias.

Una semana sin ti

Me siento cerca de la ventana,
temo mirar afuera,
oigo pasos de perros callejeros
¡cómo quisiera que vinieras con ellos!,
lloro, lloro ojos que te buscan por doquier
y lloran porque no llegas.

He ido cortando una a una las cayenas
y adornándome la melena,
se secan, huelen a ausencia,
duermo sentada con el vestido blanco que me regalaste,
pasan las horas, gota a gota,
los anillos se me resbalan de los dedos,
mis pechos ayer tuyos, hoy son de un Cristo sin milagros.

Una vida hecha a mano

Yo soy aquella mujer que la crearon
cual esclavo "non-finito" de Miguel Ángel,
cincelándole fidelidad y sacrificios
—una apoplejía de hombrada y sumisión—
atrapada en la dura carga de su débil sexo.

Tropiezo con otras dúctiles Lucrecias,
estatuas inertes sin sueños ni preguntas.
—Y el entusiasmo por la vida, ¿dónde ha quedado?,
se pierde en salones de chismes y lamentos,
en casas rondadas por mujeres condenadas
a disfraces inútiles, aburridas morales,
entretenimiento fugaz.

Detono esta maldita piedra que me apresa:
grito mis verdades, elijo mis placeres, pago mis impuestos,
me desempadrono de la jerarquía de los caciques-sagrados,
artífices de morales bifurcadas,
propietarios de la rama larga de la horquilla,
me sacudo sus escuetos permisos y pesados deberes.

Yo sueño despertar a un mundo iluminado,
encontrarme con amigas salvajes y curiosas,
formar una flota de mujeres argonautas,
cruzar la Laguna Estigia,
adjetivar el espacio y saborear el tiempo.
¡Yo quiero una vida hecha con mis manos!

Otros títulos de la Editorial Raíces Latinas

• *Sesenta días para abandonar el país.*
• *Mirando al sur: antología de cuento, poesía y ensayo desde el exilio.*
• Hemil García Linares: *El azul del Mediterráneo, un viaje ancestral.*
• Álex Oviedo: *Las hermanas Alba.*
• *Antología de escritores peruanos en Estados Unidos* (noviembre de 2019).